L'AMI DE DOMINIQUE N'AIME PAS L'ÉCOLE

DANS LA MÊME COLLECTION

L'Étrange Voisin de Dominique

Le Secret de Dominique

Les Mensonges de Dominique

Les Deux Maisons de Dominique

Le Nouveau de la classe

Au secours !

La Décision de Cathou

Le Cousin hyperactif

Le Concours

Jean Gervais

L'ami de Dominique n'aime pas l'école

Illustrations de Claudette Castilloux

Boréal Jeunesse

Les Éditions du Boréal remercient le Conseil des Arts du Canada ainsi que le ministère du Patrimoine canadien et la SODEC pour leur soutien financier.

Collection dirigée par Danielle Marcotte

Illustrations : Claudette Castilloux

Dépôt légal : 4e trimestre 1989
Bibliothèque nationale du Québec

Diffusion au Canada : Dimedia
Distribution et diffusion en Europe : les Éditions du Seuil

Données de catalogage avant publication (Canada)

Gervais, Jean, 1946-
L'ami de Dominique n'aime pas l'école
(Dominique)
Pour les jeunes du niveau primaire.
ISBN 2-89052-311-X

I. Castilloux, Claudette. II. Titre. III. Collection.

PS8563.E78A56	2000	JC843'.54	C89-096480-7
PS9563.E78A56	2000		
PZ23.G47Am	2000		

À Catherine...

... Marc-André, Benoit, François, Cathou, Nicolas, Francis, Mélanie, Guillaume, Vincent, Julien, Mélissa, Marie-Andrée, Annie, Nathalie, Anouk, Jean-François, Emmanuel, Élizabeth, Esther, Julie, Marc-Antoine...

De la même collection:
Le Secret de Dominique
L'Étrange Voisin de Dominique
Les Deux Maisons de Dominique
Les Mensonges de Dominique

Collection dirigée par Danielle Marcotte

— Relaxe! Relaxe! François! crie Dominique passant à bicyclette.
— Facile à dire! se dit François, qui marche dans la rue en regardant son cahier de mathématiques. Quand on n'aime pas l'école, c'est difficile d'être un enfant!

Or justement François n'aime pas l'école. Il la déteste depuis la maternelle. Il se souvient encore de ce jour où il devait se rappeler son numéro de téléphone. Même après l'avoir répété et répété avec sa mère, il n'a jamais pu le dire correctement. Tous les autres ont réussi.

François voudrait être malade tous les jours pour ne pas avoir à aller à l'école. Même aller chez le dentiste, c'est mieux. Julien, lui, est chanceux, il est souvent malade.

Alors il peut rester chez lui. C'est toujours les mêmes qui ont les maladies, c'est pas juste!

19

Encore ce matin, à son départ pour l'école, François et son père se sont disputés. C'est la faute de Madeleine, son professeur. Elle écrit souvent des choses dans son cahier. C'est toujours les mêmes qui doivent faire signer les parents dans leur cahier, c'est pas juste!

Madeleine avait noté: «Encore dans la lune, le cher François; s'il le voulait, il réussirait tellement bien. Attention, François, de bien étudier tes tables de multiplication pour la leçon de mathématiques de demain.»

— Et c'est ce matin que tu me montres ton cahier! dit son père.

Ton problème, c'est que tu es paresseux. Je suis fatigué de rencontrer les professeurs pour entendre les mêmes choses: «Est-ce qu'il étudie?» «Surveillez-vous ses devoirs?» «Il oublie souvent ses cahiers.» «Pourtant sa sœur...»

C'est toujours les mêmes parents qui se rencontrent à l'école. Pour eux, ce n'est jamais écrit «Aucune difficulté majeure, une brève conversation téléphonique suffirait.»
— Tu es mieux de les savoir tes tables de multiplication, sinon tu étudieras toute la soirée! Pas question de jouer avec ta collection d'autos comme tu l'as fait hier!

$4 \times 3 = 12$
$4 \times 4 = 16$
$4 \times 5 = 20$
Se répète François, en se rendant à l'école.

— Salut François! lui lancent Mathieu et Marie-Hélène en passant près de lui. Mais il n'entend rien!

$4 \times 6 = ?$ $4 \times 6 = ?$ $4 \times 6 = ?$

Dans la classe, François ne se souvient plus de rien.
Une fois de plus, il a raté son examen.
Assis à son pupitre, il rêve...
Madeleine dit qu'il est souvent dans la lune.

Elle le sait parce que, dit-elle, il n'y a pas d'étincelles dans ses yeux.
Ce n'est pas sa faute, sa tête part toute seule.

François songe au garage qu'il veut construire pour ses voitures.
Peut-être que papa m'aidera s'il n'est plus fâché...
— François! toujours dans la lune...? questionne Madeleine.
Allons! c'est le temps de la récréation!

— Tu viens jouer au ballon? lui demande Dominique.
Dominique est l'ami de François. Au début de l'année, ils étaient assis côte à côte dans la classe.
Mais Madeleine les a séparés à cause des blagues qu'ils faisaient.
— C'est pour vous aider, a-t-elle expliqué.

Dans la cour, les enfants forment les équipes de ballon. Geneviève et Simon sont les chefs. Simon, c'est celui qui a les cheveux roux; mais, il ne faut pas lui en parler parce qu'il fait de grosses colères.

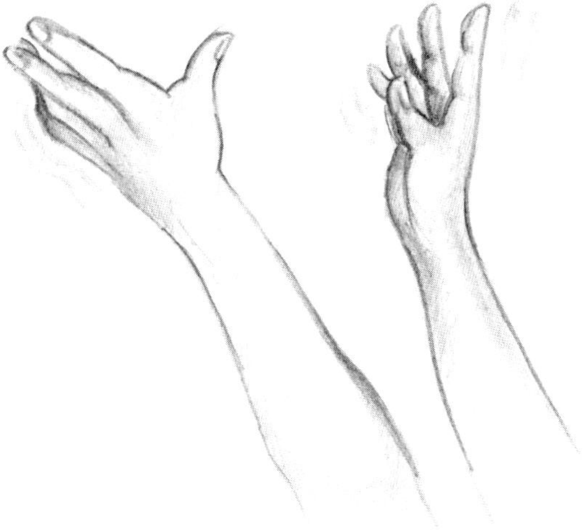

Geneviève choisit d'abord Mathieu. Simon, lui, demande Nathalie; puis passent Mélanie, Benoît, Dominique, Cathou, Marie-Hélène...
À la fin, il ne reste que... François.
— O.K! tu viens avec moi, lui dit Simon.
C'est toujours comme cela, François est choisi le dernier. Il n'est pas très bon au ballon.
— De toute façon, c'est un jeu stupide! dit-il.
Aussi François n'aime pas les récréations. Raison de plus pour détester l'école!

Ce soir-là, le père et la mère de François ont une longue conversation au téléphone.

— Ça ne va pas bien pour François à l'école! Il t'en parle, lorsqu'il va chez toi? Faut dire que je ne suis pas très patient depuis notre séparation... Tu as raison, ça remonte à la maternelle ses problèmes... Pourtant il passe des heures devant ses livres. Il doit rêver plutôt qu'étudier.

François a pleuré au téléphone en parlant avec sa mère.
— Je ne veux plus aller à l'école... c'est trop difficile... oui je t'aime... mais je ne veux plus vivre si je dois aller à l'école!
— Je vais t'aider ce soir. L'important, c'est l'effort, lui explique son père. On va faire tes devoirs et puis ça ira mieux demain.

À l'heure convenue, les voilà tous deux installés pour réviser les mots de vocabulaire.

— Une petite heure pas plus, a promis son père. Épelle chapeau.

— C-H-A-P-E-A-U, dit François.

— Clôture.

— C-L-O-T-U-R-E.

— Il manque quelque chose François!

— Ah oui! l'accent circonflexe sur le «o».

— Catastrophe.

— C-A-T-A-S-T-R-O-F-E.

— Catastrophe, répète son père.

— C-A-T-A-S-T-R-O-F-E.

— P-H-E François! P-H-E! Au moins, porte attention, ne répète pas la même chose! Tu le fais exprès?
Ça y est, son père est fâché.
— Écris-le 10 fois et rappelle-moi quand c'est fait!
Il sort en claquant la porte.

La semaine suivante, à l'école, chaque enfant doit présenter à la classe un passe-temps favori.
Sophie apporte sa collection de gommes à effacer; Mathieu, sa collection de monnaie; et Simon, sa collection de médailles de sports.
Dominique parle des macarons qu'il amasse depuis qu'il est tout petit.
Catherine explique comment on apprend le karaté et Geneviève, comment on joue de la flûte à bec.

— Et toi, François, de quel passe-temps nous parleras-tu demain? demande Madeleine à la récréation.

— Je ne sais pas, dit François.
— La semaine dernière, ton père m'a dit que les petites autos t'intéressent beaucoup. Et puis Dominique m'en parle souvent. Pourquoi ne pas les apporter?
— Ce n'est pas un passe-temps, c'est des jouets! répond François.
Madeleine décide François à présenter sa collection de petites autos.

Jeudi matin, chaque auto porte une étiquette. La veille, François et son père ont travaillé une heure à faire des étiquettes «sans faute d'orthographe».
Devant la classe, François donne la différence entre les modèles, l'année de production et le pays de fabrication.
À la fin, les enfants ont applaudi très fort...
— Pourquoi ne pas organiser une exposition de petites autos dans la classe, suggère Madeleine.

François sera le responsable à qui chacun pourra apporter des modèles différents.

Les jours suivants, les enfants, encouragés par Madeleine, arrivent avec des petites autos. Avec François, ils les étiquettent et les rangent dans la section appropriée. François ajoute sur des fiches des informations qu'il a découvertes dans l'encyclopédie de papa.
En classe de français, Madeleine apprend aux enfants à nommer et à écrire correctement les parties d'une voiture.

En classe de géographie, on situe sur le globe terrestre les pays où sont fabriquées les autos.

La directrice de l'école, des professeurs et des parents sont venus visiter aujourd'hui l'exposition. Tous sont émerveillés. Huguette, un professeur de la classe des grands, avec qui tous les enfants parlent à la récréation, a demandé à François s'il accepterait d'aller présenter la collection à ses élèves. Très fier, il a dit oui.

Peugeot
1920

Quelques semaines plus tard, un vendredi soir...
Le père de François le découvre affairé dans sa chambre avec un grand carton et la plus longue règle de la maison. Trop occupé à mesurer, François ne l'entend pas venir.
— Un garage pour 4 voitures de 6 centimètres de largeur devra mesurer... 24 centimètres.
— Tu fais encore des devoirs de maths à cette heure?

— Non! je fais des plans pour construire un grand garage pour nos voitures à l'école.
Le père de François reste songeur. Il quitte la chambre, puis revient sur ses pas.
— J'oubliais, Madeleine m'a appelé aujourd'hui pour me dire qu'elle est très contente de toi... et puis qu'elle voyait des étincelles dans tes yeux à l'école! Tu y comprends quelque chose?

24

MOT AUX PARENTS

Comme François, votre enfant a peut-être de bien piètres résultats scolaires. Pour lui l'école est un mauvais moment à passer. Vous vous demandez à l'occasion: est-il aussi intelligent que les autres? pourra-t-il faire son secondaire?

Pourtant il manifeste beaucoup d'entrain dans ses passe-temps favoris. Il a de plus une bonne imagination, s'intéressant à un tas de choses qui n'ont surtout pas rapport avec l'école. On dit de lui qu'il est très sensible ou encore qu'il a des exigences à ce point élevées qu'il refusera à l'occasion de s'adonner à une activité faute d'y exceller!

Rassurez-vous, votre enfant n'a pas de graves problèmes psychologiques! Il fait sans doute partie de cette population d'enfants intelligents qui ne réussissent pas à l'école. Selon de récentes études nationales américaines, 50% des écoliers supérieurement intelligents ne produiraient pas selon leur potentiel. Beaucoup d'entre eux ont comme François des troubles d'adaptation en classe: problèmes de concentration, d'isolement, d'agitation ou même d'agressivité. Ils ne trouvent pas leur place dans le cadre scolaire où tout est prévu et organisé; l'unique chemin proposé pour apprendre ne leur convient pas.

Comme François chaque enfant a sa façon d'apprendre... il faut mettre le temps et l'énergie pour la découvrir.

Aux prises avec un enfant intelligent qui accumule maigres résultats et échecs scolaires, que faire? Le changer d'école? Le confronter à des méthodes pédagogiques différentes? La chose n'est pas toujours possible bien que cela puisse donner de bons résultats!

Au lieu de multiplier les heures d'études à la maison, expérimentez de nouvelles façons de faire. Par exemple de courtes périodes d'étude avec l'enfant peuvent être plus profitables que de longues séances. Encouragé par des objectifs à court terme et anticipant la possibilité de retourner rapidement à ses jeux l'enfant est motivé à mieux travailler.

Valorisez ses intérêts, utilisez son imagination et ses passe-temps pour qu'il découvre le plaisir d'apprendre et réalise à quoi c'est utile.

N'insistez pas sur ses échecs, mettez en évidence ses plus petits succès. Ingéniez-vous à lui faire vivre des réussites. Grâce à vous il saura qu'il peut être bon, lui aussi.

Un enfant qui ne vit qu'insuccès dans ses activités scolaires et parascolaires déteste l'école. Nous éprouverions pareil sentiment si nous vivions une situation semblable au travail... L'enfant heureux à l'école est celui à qui adultes et enfants reconnaissent des habiletés particulières.

Discutez avec votre enfant de ce qui lui plaît ou non à l'école. Il a des difficultés? Demandez-lui comment vous pourriez l'aider. Se culpabiliser comme parents ou vouloir plus que l'enfant est inutile. Le dialogue avec les enfants quels que soient les problèmes donne toujours de meilleurs résultats que les exercices d'autorité.

Faites-vous un allié du professeur pour discuter des solutions. Ne le critiquez pas devant l'enfant. Établissez entre éducateurs une complicité pour transmettre à l'écolier un message unanime de confiance en ses capacités.

Apprenez à votre enfant à associer résultats et efforts. Il peut expérimenter la discipline à travers le développement d'un intérêt, une responsabilité à l'intérieur ou à l'extérieur de la maison (comme camelot par exemple).

Tout comme François dans notre histoire, il suffit souvent d'un peu de créativité de la part des adultes pour transmettre à l'enfant démotivé l'impression «d'être capable». Ce sentiment «d'être bon dans quelque chose», en plus de donner à l'élève le goût de se rendre à l'école chaque matin, est à long terme une excellente garantie d'épanouissement personnel.

Jean Gervais, Ph. D.

NOTE

Toute personne ayant des commentaires, remarques ou suggestions à transmettre à l'auteur de ce livre peut lui écrire à l'adresse suivante:

Jean Gervais
a/s Éditions du Boréal
4447, rue Saint-Denis
Montréal (Québec)
H2J 2L2

REMERCIEMENTS

L'auteur remercie pour leur collaboration à la série Dominique mesdames Minh Trinh (documentaliste à l'Université de Montréal), Murielle Riou et Lyse Desmarais pour leurs conseils et leur expertise à la rédaction de ce livre.

Il est également reconnaissant aux parents, professeurs et enfants qui ont contribué à cet ouvrage: Les élèves de 4e année de l'école Ludger Duvernay, C.E.C.M. (1988-1989) et leur professeur madame Huguette Léveillé, mesdames Jocelyne Poulin, Viviane St-Onge, Diane Germain, Francine Castilloux, Adèle Ferragut, messieurs Marc Quintal, Serge Larivée, Joseph Beltempo, les éducateurs et éducatrices du S.A.M (C.J.M.).

L'illustratrice remercie pour leur collaboration madame Marie-Claire Bouchard et monsieur Denis Banville, ainsi que ses modèles, messieurs Marc Castilloux, Maxim Fortin et Simon Sauvé. Elle veut aussi remercier d'une façon spéciale madame Carole Thiffault et les élèves de sa classe.

L'auteur

Jean Gervais est né à Montréal. Après une vingtaine d'années de travail clinique auprès des enfants, il termine des études doctorales et est professeur en psychoéducation à l'Université du Québec à Hull. Spécialisé en psychologie de l'enfant et en psychothérapie, il partage son temps entre des activités d'enseignement et de recherche sur les difficultés que vivent les enfants. Il allie son talent naturel de conteur et son amour des enfants à ses préoccupations professionnelles.

Outre des articles parus dans des revues spécialisées, l'auteur a également publié un livre pour les jeunes : *C'est dur d'être un enfant.*

L'ami de Dominique n'aime pas l'école est le troisième livre de Jean Gervais dans la collection « Dominique ».

L'illustratrice

Claudette Castilloux est diplômée en graphisme de l'Université Laval et elle a enseigné les arts plastiques aux élèves du primaire. Depuis 1977, elle a collaboré à divers périodiques en plus d'illustrer des manuels scolaires ou des livres pour enfants et de créer des affiches. Elle fait aussi de l'illustration assistée par ordinateur.

Les Éditions du Boréal
4447, rue Saint-Denis
Montréal (Québec) H2J 2L2
www.editionsboreal.qc.ca

CE TROISIÈME TIRAGE A ÉTÉ ACHEVÉ D'IMPRIMER EN JUIN 2000
SUR LES PRESSES DE L'IMPRIMERIE AGMV MARQUIS
À CAP-SAINT-IGNACE (QUÉBEC).